झरना

झरना

जयशंकर प्रसाद

लोकभारती प्रकाशन

लोकभारती प्रकाशन

पहली मंजिल, दरबारी बिल्डिंग, महात्मा गांधी मार्ग
प्रयागराज-211 001

वेबसाइट : www.lokbhartiprakashan.com
ईमेल : info@lokbhartiprakashan.com

शाखाएँ : 1-बी, नेताजी सुभाष मार्ग, दरियागंज
नई दिल्ली-110 002

अशोक राजपथ, साइंस कॉलेज के सामने
पटना-800 006

1, अनमोल सोराबजी संतुक लेन, धोबी तलाव,
मरीन लाइंस, मुम्बई-400 002

पहला लोकभारती संस्करण : 2012
तीसरा संस्करण : 2024

मूल्य : ₹ 495

बी.के. ऑफसेट
नवीन शाहदरा, दिल्ली-110 032
द्वारा मुद्रित

JHARNA
by Jai Shankar Prasad

ISBN : 978-81-975096-9-8

अनुक्रम

●

प्राक्कथन

जयशंकर प्रसाद को प्रारम्भ में कविता लिखने के लिए जो ढाँचा मिला वह चली आती हुई ब्रजभाषा काव्य परम्परा का रीति परक ढाँचा था, जिसमें विषय और विषय की अभिव्यक्ति का ढंग प्राय: निश्चित था। रामचन्द्र शुक्ल ने लिखा है कि "कुछ नूतन परम्पराओं के समावेश के अतिरिक्त काव्य की परम्परागत पद्धति में किसी प्रकार का परिवर्तन भारतेन्दु काल में न हुआ। भाषा ब्रजभाषा ही रहने दी गई और उसकी अभिव्यंजना शक्ति का कुछ प्रसार न हुआ। काव्य की बँधी हुई प्रणालियों से बाहर निकलकर जगत और जीवन के विविध पक्षों की मार्मिकता झलकाने वाली धाराओं में प्रवाहित करने की प्रवृत्ति न दिखाई पड़ी। द्वितीय उत्थान में कुछ दिन ब्रजभाषा के साथ-साथ चलकर खड़ी बोली क्रमश: अग्रसर होने लगी, यहाँ तक कि नई पीढ़ी के कवियों को उसी का समय दिखाई पड़ा। स्वदेश गौरव और स्वदेश प्रेम की जो भावना प्रथम उत्थान में जगाई गई थी उसका अधिक प्रसार द्वितीय उत्थान में हुआ और 'भारत भारती' पुस्तक निकली। इस भावना का प्रसार तो हुआ पर उसकी अभिव्यंजना में प्रातिभ प्रगल्भता न दिखाई पड़ी। शैली में प्रगल्भता और विचित्रता चाहे न आई हो पर काव्य भूमि का प्रसार अवश्य हुआ।" (हिन्दी सा० का इतिहास 21 वाँ सं० पृ० 436) प्रसाद के लेखन का प्रारम्भ इसी पृष्ठभूमि में होता है। उस समय हिन्दी में खड़ी बोली पद्य प्रवाह के तीन रास्ते खोले गये थे—उर्दू या फारसी की बहरों का, संस्कृत के वृत्तों का और हिन्दी के छन्दों का। प्रसाद के प्रारम्भिक काव्य पर इन सबका प्रभाव दिखाई पड़ता है।

बीसवीं शताब्दी के प्रारम्भ में हिन्दी में कवि ब्रज और खड़ी बोली दोनों में लिखते थे। कविता के बदलाव की न केवल आवश्यकता महसूस हो रही थी बल्कि पुराने विषयों और रीतियों को छोड़कर नये विषयों पर कविता लिखने की व्यापक बहस हिन्दी पत्र-पत्रिकाओं में छिड़ी हुई थी। भाषा और कविता की यह बहस 20वीं शताब्दी के प्रारम्भ में एक प्रकार से पुराने और नये के संघर्ष का परिणाम था। देश वत्सलता के बजाय स्वदेशाभिमान और पराधीनता से मुक्ति का भाव धीरे-धीरे लोगों की मानसिकता को मथ रहा था। वर्तमान के सन्दर्भ में अतीत का उत्तेजक और उन्मादक उपयोग बंगला के प्रभाव और स्वानुभव से

हिन्दी में भी हो रहा था। 1909 ई० में 'इन्दु' की प्रस्तावना में जयशंकर प्रसाद जातीय उन्नति के लिये साहित्य की उन्नति और साहित्य की उन्नति के लिए भाषा सेवकों की उन्नति की प्रार्थना कर रहे थे। उनके लिए उस समय "जो कुछ मनुष्य को प्रार्थनीय, उन्नति का सहाय, धर्म साधक, तथा उपकारी, सो केवल साहित्य है। साहित्य का कोई लक्ष्य-विशेष नहीं होता है और उसके लिए कोई विधि का निबन्धन नहीं है, क्योंकि साहित्य स्वतन्त्र प्रकृति सर्वतोगामिनी प्रतिभा के प्रकाश का परिणाम है वह किसी की परतंत्रता को सहन नहीं कर सकता, संसार में जो कुछ सत्य और सुन्दर है वही साहित्य का विषय है। साहित्य केवल सत्य और सौन्दर्य की चर्चा करके सत्य को प्रतिष्ठित और सौन्दर्य को पूर्ण रूप से विकसित करता है।" (प्रसाद ग्रंथावली भाग 4, पृ० 431) प्रसाद जी जिस प्रकार की भावमयी उन्मादकारिणी, आपे से बाहर कर देने वाली, जातीय संगीतमयी, वृत्तस्फुरणकारिणी, आलस्य को भंग करने वाली, आनन्द बरसाने वाली धीर-गम्भीर पद विक्षेपकारिणी, शान्तिमयी कविता की आवश्यकता (दे० कवि और कविता प्रसाद ग्रंथावली, पृ० 446) तीव्रता ने महसूस कर रहे थे वह उनके समय की तीव्रतर माँग थी। श्रीधर पाठक, मिश्र बन्धु, महावीर प्रसाद द्विवेदी और रामचन्द्र शुक्ल नायिकाओं को केन्द्र में रखकर लिखी गयी शृंगारपरक या अलंकारों से लदी हुई कविताओं की परम्परागत पद्धति को छोड़ देने का आग्रह कर रहे थे। सबको लग रहा था कि पाश्चात्य शिक्षा, स्वाधीनता की बढ़ती हुई आकांक्षा, सुधार की पुकार, अनुभवों को व्यक्त करने की इच्छा, दुनिया भर में सामंतवाद और साम्राज्यवाद के विरोध और परिवर्तन की पुकार से समाज की सोच-समझ और संवेदना बदल रही है। भट्टभड़न्त, भक्ति और शृंगार आदि इस नये भाव के सामने अरुचिकर लग रहे थे। लोग बंगला और अँगरेजी कविताओं के समान कविताएँ चाहते थे। ये कविताओं में स्वदेश तो देखना ही चाहते थे नया अप्रस्तुत विधान भी चाहते हैं। नये विषय के अनुकूल नयी भाषा और नया अभिव्यक्ति विधान चाहते थे। उर्दू, अंग्रेजी और बंगला की टकराहट से हिन्दी में भी अनेक स्तरीय जातीयता के साथ ही साथ पश्चिम की टकराहट के कारण भावना और बौद्धिकता के समन्वय की आवश्यकता हृदय और बुद्धि के साथ-साथ रहने या रखने के नाम पर महसूस की जा रही थी। पुराने मिथकों और कथानकों पर मोहाविष्टता के बावजूद वर्तमान की छाया पड़ने लगी थी। कण कण में भगवान की जगह अब मनुष्य को सर्वत्र अपनी ही छाया दिखाई पड़ने लगी थी। राधा लोक सेविका ही नहीं हुई थी, कुटी में भगवान आये ही नहीं थे बल्कि प्रकृति का कण कण प्राणवान और फिर मानवीय हो गया था। पहले सब कुछ ईश्वरीकृत था फिर ईश्वरमय हुआ और छायावाद में

मानवीकृत हो गया। परिवर्तन के इस युग में जब हम देश के रूप में ही नहीं बल्कि एक राष्ट्र के रूप में भी जग रहे थे तभी प्रसाद ने, जो एक सामंती संस्कृति के श्रेष्ठि परिवार से आये थे, जिनके पूर्वजों को लोग सम्मान से जय महादेव कहकर सम्मान देते थे, जिनके यहाँ वर्ष में एक बार घर के सामने के शिवालय में नर्तकियों का नृत्य होता था, जिनके वंश की कलाविलासिता और मर्मज्ञता को देखकर कामसूत्र के नागरक प्रकरण की याद आती थी—लिखना प्रारम्भ किया। कवि और कविता निबन्ध में उन्होंने ऐसे ही नहीं, शेक्सपियर,य कालिदास और आलम को स्मरण किया है।

'सरस्वती' के द्वारा प्रवर्तित अभिरुचि और काव्य शैली से भिन्न कविता की आवश्यकता महसूस करते हुए वे लिखते हैं कि ''सरस्वती हिन्दी में एक बहुमूल्य पत्रिका है, और उसका आदर भी है। पर क्या उसके सब अंश सबके मनोनीत होते हैं। कोई उसके गद्य लेखों पर प्रसन्न है, तो कोई चित्रों पर, कोई उसके रूप पर प्रसन्न है तो कोई उसकी छपाई पर। अधिकांश महाशय ऐसे हैं जो चित्र और गल्प तक ही रह जाते हैं, उसकी कविता का मर्म समझने की बात तो दूर उस पर ध्यान भी नहीं देते। यह क्यों, छन्द विषयक अरुचि है? ''इसका कारण यह है कि सामयिक पाश्चात्य शिक्षा का अनुकरण करके जो समाज के भाव बदल रहे हैं उनके अनुकूल कविताएँ नहीं मिलती और पुरानी कविता को पढ़ना तो महादोष सा प्रतीत होता है क्योंकि उस ढंग की कविता बहुतायत से हो रही है।'' संवेदना के परिवर्तन और उसके कारण का संकेत करते हुए प्रसाद नये प्रकार की कविता की आवश्यकता महसूस कर रहे हैं। ऐसी कविता जो खड़ी बोली काव्य भाषा में तो हो ही 'सरस्वती कलम' से भिन्न भी हो। इस भिन्नता के लिए उनकी कविता को जितनी व्यापक यात्रा करनी पड़ी है उसके पदचिन्ह उनकी कविताओं में हैं।

'अभ्युदयशील जनतावाद' के उस युग के वातावरण को आचार्य नन्ददुलारे वाजपेयी ने सामूहिक पवित्रतावादी सोत्साह पूर्ण वातावरण मानते हुए लिखा है कि ''ब्रजभाषा में उस समय श्रृंगारिक समस्यापूर्तियाँ हो रही थीं, जिनके विरुद्ध खड़ी बोली में एक आन्दोलन ही चल उठा था। इन समस्यापूर्तियों में ऊपरी हावों-भावों, बाहरी मुद्राओं और स्थूल इंगितों को ही प्रधानता रहती थी। उधर उन लोगों ने श्रृंगार के अतिरिक्त सब कुछ अस्पृश्य समझ लिया था और उसे कोरे शारीरिक वर्णनों तक ही सीमित रखा। इधर इन लोगों ने श्रृंगार को ही अस्पृश्य समझ लिया और उसका या तो त्याग ही कर दिया या उसे उपदेशात्मक काव्य का विषय बना डाला। ये लोग प्राचीनतावादी हो गए और वे लोग नवीनतावादी। उन लोगों को यह शऊर नहीं था कि श्रृंगार का संस्कार करते। इन

लोगों को शृंगार नाम से ही इतनी चिढ़ हो गयी थी कि उसके संस्कार की कल्पना भी न कर सके। एक प्रकार का द्वन्द्व युद्ध चल रहा था जिसमें विवेक का प्रायः दोनों ओर से अभाव था।'' (हिन्दी साहित्य बीसवीं शताब्दी, पृ० 132) इसी संदर्भ में आचार्य शुक्ल का और महावीर प्रसद द्विवेदी का उद्धरण भी दे रहा हूँ, जिनसे प्रसाद और छायावाद का परिप्रेक्ष्य भी स्पष्ट हो जायेगा और उस नवीनता या परिवर्तन का भी स्वरूप स्पष्ट होगा जो न केवल छायावाद में बल्कि प्रगतिवाद में भी घटित हुआ। छायावाद के जन्म के समय जिन शुभ ग्रहों की दृष्टि थी उसमें किसानों और मजदूरों के प्रति विकसित होता हुआ नया दृष्टिकोण भी था और विदेशी पूँजी के परिणामस्वरूप पड़ता हुआ व अशुभ प्रभाव भी था जिसका प्रमाण 'स्वदेशी' और 'हिन्द स्वराज' में मिलता है।

''द्वितीय उत्थान में काव्य की नूतन परम्परा का अनेक विषयस्पर्शी प्रसार अवश्य हुआ पर द्विवेदी जी के प्रभाव से एक और उसमें भाषा की सफाई आई, दूसरी ओर उसका स्वरूप गद्यवत रूखा, इतिवृत्तात्मक और अधिकतर ब्राह्यार्थ निरूपक हो गया अतः इस तृतीय उत्थान में जो परिवर्तन हुआ और पीछे 'छायावाद' कहलाया वह उसी द्वितीय उत्थान की कविता को कहा जा सकता है।'' आगे शुक्ल जी ने लिखा है और जो ज्यादा महत्वपूर्ण है कि ''द्वितीय उत्थान की कविता में काव्य का स्वरूप खड़ा करने वाली दोनों बातों की कमी दिखाई पड़ती थी—कल्पना का रंग भी बहुत कम या फीका रहता था और हृदय का वेग भी खूब खुलकर नहीं व्यंजित होता था। इन बातों की कमी परम्परागत ब्रजभाषा काव्य का आनन्द लेने वालों को भी महसूस होती थी और बंगला या अँगरेजी कविता का परिचय करने वालों को भी। अतः खड़ी बोली की कविता में पदलालित्य, कल्पना की उड़ान, भाव की बेगवती व्यंजना वेदना की विवृत्ति, शब्द प्रयोग की विचित्रता इत्यादि अनेक बातें देखने की आकांक्षा बढ़ती गई।''

—हिन्दी साहित्य का इतिहास, 21 वाँ संस्करण, पृ० 439

''भावों के आविष्करण को कला कहते हैं....ज्ञान के विकास से भावों का विकास होता है। ज्ञान की ऊर्जितावस्था में ही कला का सबसे अच्छा विकास होता है। हृदय के साथ मस्तिष्क की पुष्टि होने पर भावो को उत्तम अभिव्यक्ति होती है।...बाह्य प्रकृति के बाद मनुष्य अपने अन्तर्जगत की ओर दृष्टिपात करता है तब साहित्य में कविता का रूप परिवर्तित हो जाता है कविता का लक्ष्य मनुष्य हो जाता है। संसार से दृष्टि हटाकर कवि व्यक्ति पर ध्यान देता है। तब उसे आत्मा का रहस्य ज्ञात होता है। वह शान्त में अनन्त का दर्शन करता है। भौतिक पिण्ड में असीम ज्योति का आभास पाता है। भविष्य के कवि का लक्ष्य

इधर ही होगा। अभी तक वह मिट्टी के सने हुए किसानों और कारखानों से निकले हुए मैले मजदूरों को अपने काव्यों का नायक बनाना नहीं चाहता था। वह राजस्तुति, वीरगाथा अथवा प्रकृति वर्णन में ही लीन रहता था। परन्तु अब वह क्षूद्रों की भी महत्ता देखेगा और तभी जगत का रहस्य सबको विदित होगा। जगत का रहस्य क्या है इस पर एक ने कहा है असाधारणता में यह रहस्य नहीं है। जो साधारण है वही रहस्यमय है, वही अनन्त सौन्दर्य से युक्त है। इसी सौन्दर्य को स्पष्ट कर देना भविष्य कवियों का काम होगा।''

—कविता का भविष्य— 1920 ई०, महावीर प्रसाद द्विवेदी रचनावाली भाग 2

'झरना' का पहला संस्करण 1918 ई० में प्रकाशित हुआ जिसमें कुल 24 ही कविताएँ थीं। 9 वर्ष बाद जब दूसरा संस्करण 1927 ई० में निकला जिसमें आचार्य शुक्ल के अनुसार आधी से ऊपर 33 रचनाएँ और जोड़ी गयीं जिनमें पूरा रहस्यवाद, अभिव्यंजना का अनूठापन, व्यंजक चित्रविधान सब कुछ मिल जाता है। विषाद , बालू की बेला, खोलो द्वार, बिखरा हुआ प्रेम, किरण, बसंत की प्रतीक्षा इत्यादि उन्हीं पीछे जोड़ी गई रचनाओं में हैं जो पहले संस्करण में नहीं थीं। *—हिन्दी साहित्य का इतिहास, 21 वाँ संस्करण, पृ० 460*

'झरना' एक दृष्टि से प्रेम के विविध अनुभवों का जीवन्त वर्णन है। अपने वैयक्तिक प्रेम के अनुभवों का हाव, भाव, अनुभावों सहित वर्णन द्विवेदी युग में एक प्रकार का साहित्यिक और नैतिक विद्रोह है उन दोनों ही प्रवृत्तियों के प्रति जो श्रृंगार और रति को या तो नायिका भेद के ढाँचे में संस्थिति करके देखते थे या उसे नैतिकता और मर्यादा की दृष्टि से त्याज्य समझते थे। शरीर के मांसल आकर्षण का वर्णन भारतीय समाज के विधि निषेधों से उत्पन्न दमित कामेच्छा काम भावना की उदात्त और उन्मुक्त स्वीकृत झरना की कविताओं को प्रेम चर्या की दृष्टि से स्वस्थ नया और आधुनिक दृष्टिकोण प्रदान करती है। 'प्रथम प्रभात', 'झरना', 'अर्चना', 'अनुनय', 'प्रत्याशा' आदि कविताओं में कवि अनेक रूपों में अपने प्रेम की विविध स्मृतियों, प्रभावों, आकांक्षाओं, चूकों, भूलों आदि का ही बिम्बात्मक वर्णन कर रहा है। वह अपनी इसी आत्म रति का विस्तार प्रकृति में भी करता है। कुछ कविताओं को छोड़कर अधिकांश में विस्मय, जिज्ञासा या अनन्त के प्रति प्रेम का भाव नहीं है। इसमें आदर्श नहीं प्रेम की यथार्थता है।

(1) प्रथम वर्षा से इसका झरना
स्मरण ही रहा शैल का कटना
कल्पनातीत काल की घटना

कर गई प्लावित तन मन सारा
एक दिन तब अपांग की धारा

—हृदय से झरना

(2) *मनोवृत्तियाँ खग-कुल सी थीं सो रहीं*
अन्तःकरण नवीन मनोहर नीड़ में।
नील गगन सा शान्त हृदय था हो रहा
बाह्य आन्तरिक प्रकृति सभी सोती रहीं
सद्यःस्नात हुआ मैं प्रेम-सुतीर्थ में
मन पवित्र उत्साह-पूर्ण सा हो गया
विश्व विमल आनन्द-भवन सा हो गया,
मेरे जीवन का वह प्रथम प्रभात था।

—प्रथम प्रभात

(3) *सुप्रभात मेरा भी होवे, इस रजनी का दुःख अपार*
मिट जावे जो तुमको देखूं, खोलो प्रियतम खोलोद्वार

(4) *क्लान्त तारकागण की मद्यप-मण्डली*
नेत्र निमीलित करती है फिर खोलती।
रिक्त चषक सा चन्द्र लुढ़क कर है गिरा
रजनी के आपानक का अब तंत है।
रजनी के रंजक उपकरण बिखर गये
घूँघट खोल उषा ने झांका और फिर—
अरुण अपांगों से देखा कुछ हँसी पड़ी
लगी टहलने प्राची प्रांगण में तभी

—पावस प्रभात

(5) *बनो न इतने निर्दय सखे! प्रसन्न हो।*
हो जावेगा जब निराश मन फिर कभी
ध्यान हमारा आवेगा, होगी दया।
तो क्या क्षुब्ध न होगे तुम-यह सोच लो,
फिर जैसा मन में आवे वैसा करो।

—अर्चना

(6) *शून्य हृदय हो गया जलद सब प्रेम जल—*
देकर तुम्हें। न तुम कुछ भी पुलकित हुए।
मरु धरणीसम तुमने सब शोषित किया।
क्या आशा थी आशा कानन को यही?
चंचल हृदय तुम्हारा केवल खेल था;
मेरी जीवन मरण समस्या हो गई
डरते थे, इसको होते थे संकुचित
'कभी न प्रकटित तुम स्वभाव कर दो कभी।''

—*स्वभाव*

(7) *डरो नहीं, जो तुमको मेरा उपालम्भ सुनना होगा*
केवल एक तुम्हारा चुम्बन इस मुख को चुपकर देगा

—*निवेदन*

'प्रेम' से उत्पन्न निराशा, बेवफाई की वेदना, वियोग की तड़प आदि के अलावा झरना में लोग मंगल की भावना और दीन-दुखी और दलितों के दुःख के अन्त की कामना, भी है जो प्रेम को उदार बनाती है। यह सूफियों अथवा विवेकानन्द की प्रेम सम्बन्धी अवधारणाओं की भाँति कविताओं के देश का विस्तार भी है। झरना की अंतिम पंक्तियों में तथा अन्य कविताओं में भी प्रेम की इस प्रकृति का संकेत है—

प्रेम की पवित्र परछाईं में
लालसा हरित विटप झाईं में
वह चला झरना
तापमय जीवन शीतल करना
साथ यह तेरी सुधराई में
प्रेम की पवित्र परछाई में

—*झरना*

दीन दुखियों को देख आतुर अधीर अति
करुणा के साथ उनके भी कभी रोते चलो;
थके श्रमी जीवों के पसीने भर सीने लगे
जीने को सफल करने के लिए सोते चलो
भूले भाले बालकों के इस विश्व खेल में भी

लीला ही से हार और श्रम सब खोते चलो;
सुखी कर विश्व, भरे स्मित सुषमा से मुख
सेवा सबकी हो तो प्रसन्न तुम होते चलो।

—तुम

कौन कहता कानों में
किसी का कहना तू मत मान।
अन्ध विश्वास दिलाते वे
इसी में बनते हैं विद्वान॥
शुद्ध मानस की लहरी लोल,
पंक्तियाँ यावत लिखीं विचित्र
छोड़ मसहा पढ़ ले इसको
यही है शुभ आदेश महान
दुःखी पर करुणा क्षण भर हो
प्रार्थना पहरी के बदले।
मुझे विश्वास है कि वह सत्य
करेगा आकर तब सम्मान

—आदेश

'झरना' का महत्व 'आत्मानुभूति' या आन्तरिकता को साहित्य का विषय बनाने में नहीं बल्कि बाह्य और आन्तरिक के द्वन्द्व के स्वीकार में है। छंदों के प्रयोग वैविध्य की दृष्टि से भी झरना का विशेष अर्थ है। उर्दू की बहरों से लेकर मात्रिक छंदों के अनेक प्रयोग इस संकलन में हैं। संश्लिष्ट अनुभूतियों को अभिव्यक्त करने की भाषिक क्षमता कवि ने प्राप्त कर ली है। स्मृतियों से उत्पन्न टीस के अनेक क्षणों को कवि ने इसमें स्पष्ट और अस्पष्ट दोनों ही रूपों में स्थिर करने, बाँधने या चित्रित करने का प्रयत्न किया है।

'झरना' के 'पावस प्रभात', 'बसन्त की प्रतीक्षा', 'बसन्त', 'किरणों', 'विषाद', 'बालू की बेला', और 'चिन्ह' कविताओं में प्रतीकात्मकता, अभिधामूला, व्यंजना, बिम्बात्मकता की गहरी संकेतात्मक सहेतुक काव्यभाषा के साथ ही साथ निराशा, वेदना, विश्व व्यापकता, अनन्त विश्व के फूलों से खिलने की कामना, जीवन के सुखःदुख आशा सबके पतझड़ पूर्ण हो जाने का गहरा अवसाद, धरा पर प्रार्थना के सदृश झुकी मधुर मुरली सी फिर भी मौन अज्ञात विश्व को विकल वेदना इन्हीं के सी तुम कौन, या फिर 'विषाद' की निम्न

पंक्तियाँ अत्यंत गहरे स्तर पर व्याप्त विषाद को ध्वनित कर रही है। विषाद के भीतर व्याप्त जो विश्व की वेदना का संकेत है वह आँसू की भूमिका है।

किसके अन्त:करण अजिर में
अखिल व्योम का लेकर मोती
आँसू का बादल बन जाता
फिर तुषार की वर्षा होती
किसी हृदय का यह विषाद है
छेड़ों मत यह सुख का कण है
उत्तेजित कर मत दौड़ाओ
करुणा का विश्रान्त चरण है।

—डॉ. सत्यप्रकाश मिश्र

समर्पण

हृदय ही तुम्हें दान कर दिया
क्षुद्र था, उसने गर्व किया॥
तुम्हें पाया अगाध गम्भीर।
कहाँ जल बिन्दु, कहाँ निधि क्षीर॥
हमारा कहो न अब क्या रहा ?
तुम्हारा सब कब का हो रहा॥
तुम्हें अर्पण, औ' वस्तु त्वदीय?
छीन लो छीन ममत्व मदीय॥

●

परिचय

उषा का प्राची में आभास,
सरोरुह का सर बीच विकास॥
कौन परिचय? था क्या सम्बन्ध?
गगन मण्डल में अरुण विलास॥
रहे रजनी में कहाँ मिलिन्द?
सरोवर बीच खिला अरविन्द।
कौन परिचय? था क्या सम्बन्ध?
मधुर मधुमय मोहन मकरन्द॥
प्रफुल्लित मानस बीच सरोज,
मलय से अनिल चला कर खोज।
कौन परिचय? था क्या सम्बन्ध?
वही परिमल जो मिलता रोज॥
राग से अरुण घुला मकरन्द।
मिला परिमल से जो सानन्द।
वही परिचय, था वह सम्बन्ध
"प्रेम का मेरा तेरा छन्द॥"

●

अव्यवस्थित

विश्व के नीरव निर्जन में।
जब करता हूँ बेकल, चंचल,
मानस को कुछ शान्त,
होती है कुछ ऐसी हलचल,
हो जाता है भ्रान्त,

भटकता है भ्रम के वन में,
विश्व के कुसुमित कानन में।
जब लेता हूँ आभारी हो,
बल्लरियों से दान
कलियों की माला बन जाती,
अलियों का हो गान,

विकलता बढ़ती हिमकन में,
विश्वपति! तेरे आँगन में।
जब करता हूँ कभी प्रार्थना,
कर संकलित विचार,
तभी कामना के नूपुर की,
हो जाती झनकार,

चमत्कृत होता हूँ मन में,
विश्व के नीरव निर्जन में।

●

प्रथम प्रभात

मनोवृत्तियाँ खग-कुल सी थीं सो रहीं
अन्तःकरण नवीन मनोहर नीड़ में।
नील गगन सा शान्त हृदय था हो रहा
बाह्य आन्तरिक प्रकृति सभी सोती रहीं।

स्पन्दन-हीन नवीन मुकुल मन तुष्ट था
अपने ही प्रच्छन्न विमल मकरन्द से।
अहा! अचानक किस मलयानिल ने तभी,
फूलों के सौरभ से पूरा लदा हुआ।

आते ही कर स्पर्श गुदगुदाया मुझे,
खुली आँख,आनन्द दृश्य दिखला दिया।
मनोवेग मधुकर-सा फिर तो गूँज के
मधुर मधुर स्वर्गीय गान गाने लगा।

वर्षा होने लगी कुसुम मकरन्द की,
प्राण पपीहा बोल उठा आनन्द में
कैसी छबि ने बाल अरुण सी प्रकट हो
शून्य हृदय को नवल राग रंजित किया।

सद्यःस्नात हुआ मैं प्रेम सुतीर्थ में,
मन पवित्र उत्साह-पूर्ण सा हो गया,
विश्व, विमल आनन्द-भवन सा हो गया,
मेरे जीवन का वह प्रथम प्रभात था।

•

खोलो द्वार

शिशिर-कणों से लदी हुई, कमली के भींगे हैं सब तार,
चलता है पश्चम का मारुत, लेकर शीतलता का भार।

भींग रहा है रजनी का वह, सुन्दर कोमल कवरी-
भार,
अरुण किरण सम, कर से छू लो, खोलो प्रियतम! खोलो द्वार।

धूल लगी है, पद काँटों से बिंधा हुआ, है दुःख अपार,
किसी तरह से भूला भटका आ पहुँचा हूँ तेरे द्वारा।

डरो न इतना, धूलि धूसरित होगा नहीं तुम्हारा द्वार,
धो डाले हैं इनको प्रियवर, इन आँखों से आँसू ढार।

मेरे धूलि लगे पैरों से, इतना करो न घृणा प्रकाश,
मेरे ऐसे धूल कणों से, कब तेरे पद को अवकाश!

पैरों ही से लिपटा-लिपटा कर लूँगा निज पद निर्धार,
अब तो छोड़ नहीं सकता हूँ, पाकर प्राप्य तुम्हारा द्वार।

सुप्रभात मेरा भी होवे, इस रजनी का दुःख अपार
मिट जावे जो तुमको देखूँ, खोलो प्रियतम! खोलो द्वार॥

●

रूप

ये बंकिम भ्रू युगल, कुटिल कुन्तल घने,
नील नलिन से नेत्र चपल मद से भरे,
अरुणराग रंजित कोमल हिम खण्ड से—
सुन्दर गोल कपोल, सुढर नासा बनी।

धवल स्मिति जैसे शारद घन बीच में—
(जो कि कौमुदी से रंजित है हो रहा)
चपला-सी है, ग्रीवा हंसी सी बढ़ी।
रूप जलधि में लोल लहरियाँ उठ रहीं।

मुक्तागण हैं लिपटे कोमल कम्बु में।
चंचल चितवन चमकीली है कर रही—
सृष्टि मात्र को, मानो पूरी स्वच्छता—
चीनांशुक बनकर लिपटी है अंग में।

अस्त-व्यस्त है वह भी ढँक ले कौन-सा—
अङ्ग, न जिसमें कोई दृष्टि लगे उसे।
सिंचे हुए वे सुमन सुरभि मकरन्द से—
पंख तितलियों के करते हैं व्यजन से।

●

दो बूँदें

शरद का सुन्दर नीलाकाश,
निशा निखरी, था निर्मल हास,
वह रही छाया पथ में स्वच्छ
सुधा सरिता लेती उच्छ्वास।
पुलक कर लगी देखने धरा,
प्रकृति भी सकी न आँखें मूँद,
सुशीतलकारी शशि आया,
सुधा की मनो बड़ी-सी बूँद।

हरित किसलयमय कोमल वृक्ष,
झुक रहा जिसका पाकर भार,
उसी पर रे मतवाले मधुप!
बैठकर करता तू गुंजार।
न आशा कर तू अरे! अधीर,
कुसुम रज—रस ले लूँगा गूँद,
फूल है नन्हा सा नादान,
भरा मकरन्द एक ही बूँद।

•

पावस-प्रभात

नव तमाल श्यामल नीरद माला भली
श्रावण की राका रजनी में घिर चुकी,
अब उसके कुछ बचे अंश आकाश में
भूले भटके पथिक सदृश हैं घूमते।

अर्ध रात्रि में खिली हुई थी मालती,
उस पर से जो बिछल पड़ा था, वह चपल—
मलयानिल भी अस्त व्यस्त है घूमता
उसे स्थान ही कहीं ठहरने को नहीं।

मुक्त व्योम में उड़ते उड़ते डाल से,
कातर अलस पपीहा की वह ध्वनि कभी—
निकल-निकल कर भूल या कि अनजान में,
लगती है खोजने किसी को प्रेम से।

क्लान्त तारकागण की मद्यप-मण्डली,
नेत्र निमीलन करती है फिर खोलती।
रिक्त चषक-सा चन्द्र लुढ़ककर है गिरा,
रजनी के आपानक का अब अंत है।

रजनी के रंजक उपकरण बिखर गये,
घूँघट खोल उषा ने झाँका और फिर—
अरुण अपांगों से देखा, कुछ हँस पड़ी,
लगी टहलने प्राची प्रांगण में तभी॥

●

वसन्त की प्रतीक्षा

परिश्रम करता हूँ अविराम, बनाता हूँ क्यारी औ कुंज।
सींचता दृग-जल से सानन्द, खिलेगा कभी मल्लिका-पुंज।

न काँटों की है कुछ परवाह, सजा रखता हूँ इन्हें सयत्न।
कभी तो होगा इनमें फूल, सफल होगा यह कभी प्रयत्न।

कभी मधु राका देख इसे, करेगी इठलाती मधुहास।
अचानक फूल खिल उठेंगें, कुंज होगा मलयज-आवास।

नई कोंपल में से कोकिल, कभी किलकारेगा सानन्द।
एक क्षण बैठ हमारे पास, पिला दोगे मदिरा-मकरन्द।

मूक हो मतवाली ममता, खिले फूलों से विश्व अनन्त।
चेतना बने अधीर मिलिन्द, आह वह आवे विमल वसंत॥

•

वसन्त

तू आता है फिर जाता है।
जीवन में पुलकित प्रणय सदृश,
यौवन की पहली क्रान्ति अकृश,
जैसी हो, वह तू पाता है, हे वसन्त क्यों तू आता है?
पिक अपनी कूक सुनाता है,
तू आता है फिर जाता है।
बस, खुले हृदय से करुण कथा,
बीती बातें कुछ मर्म व्यथा,
वह डाल-डाल पर जाता है फिर ताल-ताल पर गाता है।
मलयज मन्थर गति आता है,
तू आता है फिर जाता है।
जीवन की सुख-दुख आशा सब,
पतझड़ हो पूर्ण हुई हैं अब,
विकसित रसाल मुसक्याता है, कर-किसलय हिला बुलाता है।
हे वसन्त क्यों तू आता है?
तू आता है फिर जाता है।

●

किरण

किरण! तुम क्यों बिखरी हो आज,
रँगी हो तुम किसके अनुराग,
स्वर्ण सरसिज किंजल्क समान,
उड़ाती हो परमाणु पराग।
धरा पर झुकी प्रार्थना सदृश,
मधुर मुरली सी फिर भी मौन,—
किसी अज्ञात विश्व की विकल-
वेदना-दूती सी तुम कौन?
अरुण शिशु के मुख पर सविलास,
सुनहली लट घुँघराली कान्त,
नाचती हो जैसे तुम कौन?—
उषा के चंचल में अश्रान्त।
भला उस भोले मुख को छोड़,
और चुमोगी किसका भाल,
मनोहर यह कैसा है नृत्य,
कौन देता है सम पर ताल?
कोकनद मधु धारा सी तरल,
विश्व में बहती हो किस ओर?
प्रकृति को देती परमानन्द,
उठाकर सुन्दर सरस हिलोर।
स्वर्ग के सूत्र सदृश तुम कौन,
मिलाती हो उससे भूलोक?

जोड़ती हो कैसा सम्बन्ध,
बना दोगी क्या विरज विशोक!
सुदिनमणि–वलय विभूषित उषा—
सुन्दरी के कर का संकेत—
कर रही हो तुम किसको मधुर,
किसे दिखलाती प्रेम–निकेत?
चपल! ठहरो कुछ लो विश्राम,
चल चुकी हो पथ शून्य अनन्त,
सुमनमन्दिर के खोलो द्वार,
जगे फिर सोया वहाँ वसन्त।

●

विषाद

कौन, प्रकृति के करुण काव्य सा,
वृक्ष-पत्र की मधु छाया में।
लिखा हुआ सा अचल पड़ा है,
अमृत सदृश नश्वर काया में।
अखिल विश्व के कोलाहल से,
दूर सुदूर निभृत निर्जन में।
गोधूली के मलिनाञ्चल में,
कौन जङ्गली बैठा वन में।
शिथिल पड़ी प्रत्यञ्चा किसकी,
धनुष भग्न सब छिन्न जाल है।
वंशी नीरव पड़ी धूल में,
वीणा का भी बुरा हाल है।
किसके तममय अन्तरतम में,
झिल्ली की झनकार हो रही।
स्मृति सन्नाटे से भर जाती,
चपला ले विश्राम सो रही।
किसके अन्त:करण अजिर में,
अखिल व्योम का लेकर मोती।
आँसू का बादल बन जाता;
फिर तुषार की वर्षा होती।
विषयशून्य किसकी चितवन है,
ठहरी पलक अलक में आलस!
किसका यह सूखा सुहाग है,
छिना हुआ किसका सारा रस।

निर्झर कौन बहुत बल खाकर,
बिलखाता ठुकराता फिरता।
खोज रहा है स्थान धरा में,
अपने ही चरणों में गिरता।
किसी हृदय का यह विषाद है,
छेड़ो मत यह सुख का कण है।
उत्तेजित कर मत दौड़ाओ,
करुणा का विश्रान्त चरण है॥

●

बालू की वेला

आँख बचाकर न किरकिरा कर दो इस जीवन का मेला।
कहाँ मिलोगे? किसी विजन में?—न हो भीड़ का जब रेला।
दूर! कहाँ तक दूर? थका भरपूर चूर सब अंग हुआ।
दुर्गम पथ में विरथ दौड़कर खेल न था मैंने खेला।
कहते हो 'कुछ दुःख नहीं', हाँ ठीक, हँसी से पूछो तुम।
प्रश्न करो टेढ़ी चितवन से, किस किसको किसने झेला?
आने दो मीठी मीड़ों से नूपुर की झनकार, रहो।
गलबाहीं दे हाथ बढ़ाओ, कह दो प्याला भर दे, ला!
निठुर इन्हीं चरणों में मैं रत्नाकर हृदय उलीच रहा।
पुलकित, प्लावित रहो, बनो मत सूखी बालू की वेला॥

•

चिह्न

इस अनन्त पथ के कितने ही, छोड़-छोड़ विश्राम-स्थान,
आये थे हम विकल देखने, नव वसन्त का सुन्दर मान।

मानवता के निर्जन बन में जड़ थी प्रकृति शान्त था व्योम,
तपती थी मध्याह्न-किरण-सी प्राणों की गति लोम विलोम।

आशा थी परिहास कर रही स्मृति का होता था उपहास,
दूर क्षितिज में जाकर सोता था जीवन का नव उल्लास।

द्रुतगति से था दौड़ लगाता, चक्कर खाता पवन हताश,
विह्वल-सी थी दीन वेदना, मुँह खोले मलीन अवकाश।

हृदय एक निःश्वास फेंककर खोज रहा था प्रेम-निकेत,
जीर्ण काण्ड वृक्षों के हँसकर रूखा सा करते संकेत।

बिखर चुकी थी अम्बरतल में सौरभ की शुचितम सुख धूल,
पृथ्वी पर थे बिकल लोटते शुष्क पत्र मुरझाये फूल।

गोधूली की धूसर छवि ने चित्रपटी ली सकल समेट,
निर्मल चिति का दीप जलाकर छोड़ चला यह अपनी भेंट।

मधुर आँच से गला बहावेगा शैलों से निर्झर लोक,
शान्ति सुरसरी की शीतल जल लहरों को देता आलोक।

नव यौवन की प्रेम कल्पना और विरह का तीव्र विनोद,
स्वर्ण रत्न की तरल कांति, शिशु का स्मित या माता की गोद।

इसके तल के तम अंचल में इनकी लहरों का लघु भान,
मधुर हँसी से अस्त-व्यस्त हो, हो जायेगी, फिर अवसान॥

●

दीप

धूसर सन्ध्या चली आ रही थी अधिकार जमाने को,
अन्धकार अवसाद कालिमा लिये रहा बरसाने को।
गिरि संकट में जीवन-सोता मन मारे चुप बहता था,
कल-कल नाद नहीं था उसमें मन की बात न कहता था।
इसे जाह्नवी सा आदर दे किसने भेंट चढ़ाया है,
अञ्चल से सस्नेह बचाकर छोटा दीप जलाया है।
जला करेगा वक्षस्थल पर बहा करेगा लहरी में,
नाचेंगी अनुरक्त बीचियाँ रंजित प्रभा सुनहरी में,
तट तरु की छाया फिर उसका पैर चूमने जावेगी,
सुप्त खगों की नीरव स्मृति क्या उसको गान सुनावेगी।
देख नग्न सौन्दर्य प्रकृति का निर्जन में अनुरागी हो,
निज प्रकाश डालेगा जिसमें अखिल विश्व समभागी हो।
किसी माधुरी स्मित सा होकर यह संकेत बताने को,
जला करेगा दीप, चलेगा यह सोता बह जाने को॥

●

अर्चना

वीणे! पंचम स्वर में बज कर मधुर मधु
बरसा दे तू स्वयं विश्व में आज तो।
उस वर्षा में भींगे जाने से भला
लौट चला आवे प्रियतम इस भवन में।
आश्रय ले मेरे वक्षस्थल में तनिक।
लज्जे! जा, बस अब न सुनूँगी एक भी—
तेरी बातों में से; तूने दुःख दिया,
रुष्ट हो गये प्रियतम, और चले गये।
यह कैसा संकोच, मन! तुझे क्या हुआ!
बड़ी बड़ी अभिलाषायें इस हृदय ने
संचित की थीं इस छोटे भाण्डार में,
लज्जावती लता सा होकर संकुचित—
जो अपने ही में छिप जाना चाहता।
यदि साहस हो, उसे खोल कर देख लो,
मन मन्दिर में नाथ हमारी 'अर्चना'
हुई उपेक्षित तुमसे, हँसती है हमें।
स्निग्ध कामना कुसुम रचित यह मालिका—
लज्जित है; प्रियतम के गले लगी नहीं।
प्रियतम! ऐसा ही क्या तुमको उचित था।
प्राण प्रदीप न करता है आलोक वह—
जिसमें वांछित रूप तुम्हारा देख लूँ।
जीवनधन! क्या अश्रु सलिल अभिषेक भी

तृप्त नहीं कर सका तुम्हें! सब व्यर्थ है।
बनो न इतने निर्दय सखे! प्रसन्न हो।
हो जावेगा जब निराश मन फिर कभी
ध्यान हमारा आवेगा, होगी दया।
तो क्या क्षुब्ध न होगे तुम—यह सोच लो,
फिर, जैसा मन में आवे वैसा करो।

●

बिखरा हुआ प्रेम

अरुणोदय में चंचल होकर, व्याकुल होकर विकल प्रेम से,
मायामयी सुप्ति में सोकर, अति अधीर हो अर्धक्षेम से,
टुकड़े टुकड़े कर फेंका था जीवन का निगूढ़ आनन्द,
नील निशा के शून्य गगन में लो फैलाकर फिर छल छन्द,
बनकर तारा निकर मनोहर उदय हुआ वह उसी नियम से।
रिक्त हुए हम व्यर्थ फेंककर विकल हुए तम अतुल विषम से।

प्रणयी प्रणत बनूँ मैं क्योंकर, दुर्बलता निज समझ, क्षोभ से,
जीवन मदिरा कैसे रोकर, भरूँ पात्र में तुच्छ लोभ से-
हाय! मुझे निष्किञ्चन क्यों कर डाला रे! मेरे अभिमान,
वही रहा पाथेय, तुम्हारे इस अनन्त पथ का अनजान,
बूँद-बूँद से सींची, पर ये, भीगेंगे न सकल अणु तुम से।
खोजो अपना प्रेम सुधाकर, प्लावित हो भव शीतल हिम से॥

•

कब?

शून्य हृदय में प्रेम-जलद-माला कब फिर घिर आवेगी?
वर्षा इन आँखों से होगी, कब हरियाली छावेगी?
रिक्त हो रही मधु से सौरभ सूख रहा है आतप है;
सुमन कली खिलकर कब अपनी पंखुड़ियाँ बिखरावेगी?
लम्बी विश्व कथा में सुख की निद्रा सी इन आँखों में—
सरस मधुर छवि शान्त तुम्हारी कब आकर बस जावेगी?
मन-मयूर कब नाच उठेगा कादंबिनी छटा लखकर;
शीतल आलिंगन करने को सुरभि लहरियाँ आवेंगी?
बढ़ उमंग-सरिता आवेगी आर्द्र किये रूखी सिकता;
सकल कामना स्रोत लीन हो पूर्ण विरति कब पावेगी?

•

स्वभाव

दूर हटे रहते थे हम तो आप ही
क्यों परिचित हो गये? न थे जब चाहते—
हम मिलना तुमसे। न हृदय में वेग था
स्वयं दिखाकर सुन्दर हृदय मिला लिया

दूध और पानी सा; अब फिर क्या हुआ—
देकर जो कि खटाई फाड़ा चाहते?
भरा हुआ था नवल मेघ जल-बिन्दु से,
ऐसा पवन चलाया, क्यों बरसा दिया?

शून्य हृदय हो गया जलद, सब प्रेम-जल—
देकर तुम्हें। न तुम कुछ भी पुलकित हुए।
मरु-धरणी सम तुमने सब शोषित किया।
क्या आशा थी आशा कानन को यही?

चञ्चल हृदय तुम्हारा केवल खेल था,
मेरी जीवन मरण समस्या हो गई।
डरते थे इसको, होते थे संकुचित
'कभी न प्रकटित तुम स्वभाव कर दो कभी।'

●

असन्तोष

हरित वन कुसुमित हैं द्रुम-वृन्द;
बरसता है मलयज मकरन्द।
स्नेह मय सुधा दीप है चन्द,
खेलता शिशु होकर आनन्द।
क्षुद्र गृह किन्तु हुआ सुख मूल; उसी में मानव जाता भूल
नील नभ में शोभन विस्तार,
प्रकृति है सुन्दर, परम उदार।
नर हृदय, परिमित, पूरित स्वार्थ,
बात जँजती कुछ नहीं यथार्थ।
जहाँ सुख मिला न उससे तृप्ति, स्वप्न सी आशा मिली सुषुप्ति
प्रणय की महिमा का मधु मोद,
नवल सुषमा का सरल विनोद,
विश्व गरिमा का जो था सार,
हुआ वह लघिमा का व्यापार।
तुम्हारा मुक्तामय उपहार हो रहा अश्रुकणों का हार
भरा जी तुमको पाकर भी न,
हो गया छिछले जल का मीन।
विश्व भर का विश्वास अपार,
सिन्धु सा तैर गया उस पार।
न हो जब मुझ को ही संतोष, तुम्हारा इसमें क्या है दोष?

•

अनुनय

उसी स्मृति-सौरभ में मृगमन मस्त रहे
यही है हमारी अभिलाषा सुन लीजिये।
शीतल हृदय सदा होता रहे आँसुओं से
छिपिये उसी में मत बाहर हो भीजिये।
हो जो अवकाश तुम्हें ध्यान कभी आवे मेरा
अहो प्राणप्यारे, तो कठोरता न कीजिये।
क्रोध से, विषाद से, दया से पूर्व प्रीति ही से
किसी भी बहाने से तो याद किया कीजिये॥

•

प्रियतम!

क्यों जीवनधन! ऐसा ही है न्याय तुम्हारा क्या सर्वत्र?
लिखते हुए लेखनी हिलती, कँपता जाता है यह पत्र।
औरों के प्रति प्रेम तुम्हारा, इसका मुझको दुःख नहीं।
जिसके तुम हो एक सहारा, वही न भूला जाय कहीं॥
निर्दय होकर अपने प्रति, अपने को तुमको सौंप दिया।
प्रेम नहीं, करुणा करने को, क्षण भर तुमने समय दिया।
अब से भी तो अच्छा है, अब और न मुझे करो बदनाम।
क्रीड़ा तो हो चुकी तुम्हारी, मेरा क्या होता है काम?
स्मृति को लिये हुए अन्तर में, जीवन कर देंगे निःशेष।
छोड़ो, अब दिखलाओ मत, मिल जाने का यह लोभ विशेष॥
कुछ भी मत दो, अपना ही जो मुझे बना लो, यही करो।
रक्खो जब तक आँखों में, फिर और ढार पर नहीं ढरो॥
कोर बरौनी का न लगे हाँ, इस कोमल मन को मेरे।
पुतली बन कर रहें चमकते, प्रियतम! हम दृग में तेरे।

•

करो?

शिथिल शयन सम्भोग दलित कवरी के कुसुम सदृश कैसे,
प्रतिपद व्याकुल आज छन्द क्यों होते हैं प्रियतम! ऐसे?
वाणी मस्त हुई अपने में, उससे कुछ न कहा जाता,
गद्गद् कण्ठ स्वयं सुनता है जो कुछ है वह कह जाता॥
ऊँचे चढ़े हुए वीणा के तार मधुप से गूँज रहे,
पर्दा रखते हैं सुर पर वे मनमाने से बोल रहे।
जीवनधन! यह आज हुआ क्या बतलाओ, मत मौन रहो,
बाह्य वियोग, मिलन या मन का, इसका कारण कौन कहो?

●

निवेदन

तेरा प्रेम हलाहल प्यारे, अब तो सुख से पीते हैं।
विरह सुधा से बचे हुए हैं, मरने को हम जीते हैं॥
दौड़-दौड़ कर थका हुआ है, पड़कर प्रेम-पिपासा में।
हृदय खूब ही भटक चुका है, मृग-मरीचिका आशा में॥
मेरे मरुमय जीवन के हे सुधा-स्रोत! दिखला जाओ।
अपनी आँखों के आँसू से इसको भी नहला जाओ॥
डरो नहीं, जो तुमको मेरा उपालम्भ सुनना होगा।
केवल एक तुम्हारा चुम्बन इस मुख को चुप कर देगा॥

•

प्यास

हृदय की दारुण ज्वाला से,
हुए व्याकुल हम उस दिन पूर्ण।
देखती प्यासी आँखें थीं
रस भरी आँखों को मदघूर्ण॥
प्यास बढ़ती ही जाती थी,
बुझाने की इच्छा थी बड़ी।
दिया उन हाथों ने प्याला,
अचञ्चल चित्त हुआ उस घड़ी॥
राग रञ्जित थी वह पेया,
उसे पीते-पीते रुक गये।
प्रश्न मेरा यह उनसे था,
पूछने से वे प्रमुदित हुए।
नशीली आँखों सदृश कहो,
तुम्हारी ही, इसमें है नशा?
"गुलाबी हल्का सा" बोले,
स्तब्ध हो रही मोह की निशा।
मौन थे सुनकर मेरा प्रश्न,
"सदा यह बनी रहेगी भली।"
कँटीला था गुलाब चैती,
उठी चटचटा उसी की कली॥
उषा आभास चन्द्रिका में,
पवन परिमल-परिपूरित सङ्ग॥

बढ़ रही थी प्राची में वह,
बदलता था नभ का कुछ ढङ्ग॥
कहा व्याकुल हो मैंने भी,
तुम्हारे कोमल कर से वही—
चाहता पीना मैं प्रियतम,
नशा जिसका उतरे ही नहीं॥
हृदय की बात नवीन कली—
सदृश हम खोल कह चुके हाय!
फुल्ल मल्लिका सदृश वह भी,
चुप रहे जीवनधन मुसक्याय॥

●

पी! कहाँ?

डाल पर बोलता है पपीहा—
'हो भला प्राणधन, तुम कहीं—? हा!'
आ मिलो हो जहाँ।
पी! कहाँ? पी! कहाँ?

प्यास से मर रहे दीन चातक
क्यों बना चाहते प्राण-घातक?
श्यामधन! हो कहाँ?
पी! कहाँ? पी! कहाँ?

नभ-हृदय में घिरी मेघमाला
चञ्चला कर रही है उजाला॥
देख लूँ, हो कहाँ?
पी! कहाँ? पी! कहाँ?

जलमयी हो रही यह धरा है।
कण्ठ फिर भी न होता हरा है॥
प्यास गें जल रहा।
पी! कहाँ? पी! कहाँ?

"प्यास कैसी तुम्हारी? पपीहा!
कम न होकर बढ़ी जा रही हा?"
लो, वही कह रहा—
पी! कहाँ? पी! कहाँ?

●

पाईंबाग

सरसों के पीले कागज पर वसन्त की आज्ञा पाकर।
गिरा दिये वृक्षों ने सारे पत्ते अपने सुखला कर॥
खड़े देखते राह नये कोमल किसलय की आशा में।
परिमलपूरित पवन-कंठ से, लगने की अभिलाषा में॥
अतल सिन्धु में लगा लगाकर कर जीवन की बेड़ी बाजी।
व्यर्थ लगाने को डुब्बी हाँ, होगा कौन भला राजी॥
मिले नहीं जो वांछित मुक्ता अपना कंठ सजाने को।
अपना गला कौन देगा यो, बस केवल मर जाने को!
मलयानिल की तरह कभी आ, गले लगोगे तुम मेरे।
फिर विकसेगी उजड़ी क्यारी, क्या गुलाब की यह मेरे॥
कभी चहलकदमी करने को, काँटों का कुछ ध्यान न कर।
अपना पाईंबाग बना लोगे प्रिय! इस मन को आकर।

●

प्रत्याशा

मन्द पवन बह रहा अँधेरी रात है।
आज अकेले निर्जन गृह में क्लान्त हो—
स्थित हूँ, प्रत्याशा में मैं तो प्राणधन!
शिथिल विपञ्ची मिली विरह संगीत से
बजने लगी उदास पहाड़ी रागिनी।
कहते हो—"उत्कण्ठा तेरी कपट है।"
नहीं-नहीं उस धुँधले तारे को अभी,—
आधी खुली हुई खिड़की की राह से
जीवन-धन! मैं देख रहा हूँ सत्य ही।
दिखलाई पड़ता है जो तम-व्योम में,
हिचको मत निस्सङ्ग न देख मुझे अभी।
तुमको आते देख, स्वयं हट जायेंगे—
वे सब, आओ, मत संकोच करो यहाँ।
सुलभ हमारा मिलना है—कारण यही—
ध्यान हमारा नहीं तुम्हें जो हो रहा।
क्योंकि तुम्हारे हम तो करतलगत रहे
हाँ, हाँ औरों की भी हो सम्वर्धना।
किन्तु न मेरी करो परीक्षा, प्राणधन!
होड़ लगाओ नहीं, न दो उत्तेजना।
चलने दो मलयानिल की शुचि चाल से।
हृदय हमारा नहीं हिलाने योग्य है।
चन्द्र-किरण—हिम-विन्दु—मधुर-मकरन्द से
बनी सुधा, रख दी है हीरक-पात्र में।
मत छलकाओ इसे, प्रेम परिपूर्ण है।

•

स्वप्नलोक

स्वप्नलोक में आज जागरण के समय
प्रत्याशा की उत्कण्ठा में पूर्ण था
हृदय हमारा, फूल रहा था कुसुम सा।
देर तुम्हारे आने में थी, इसलिये
कलियों की माला विरचित की थी कि, हाँ
जब तक तुम आओगे ये खिल जायेंगी।
ये सब खिलने लगीं, न हमको ज्ञात था।
आँख खोल देखा तो चन्द्रालोक से
रञ्जित कोमल बादल नभ में छा गये,
जिस पर पवन सहारे तुम हो आ रहे।
हाय कली थी एक हृदय के पास ही
माला में, वह गड़ने लगी, न खिल सकी।
मैं व्याकुल हो उठा कि तुमको अंक में
खेलूँ, तुमने झोरी फेंकी सुमन की
मस्त हुईं आँखें, सोने को जग पड़े
सुप्त सकल उद्वेग मधुरतम मोह में॥

●

दर्शन

जीवन-नाव अँधेरे अन्धड़ में चली।
अद्‌भुत परिवर्तन यह कैसा हो गया।
निर्मल जल पर सुधा भरी है चन्द्रिका,
बिछल पड़ी, मेरी छोटी-सी नाव भी।
वंशी की स्वर लहरी नीरव व्योम में—
गूँज रही है, परिमल पूरित पवन भी—
खेल रहा है जल लहरी के सङ्ग में।
प्रकृति भरा प्याला दिखलाकर व्योम में—
बहकाती है, और नदी उस ओर ही—
बहती है। खिड़की उस ऊँचे महल की—
दूर दिखाई देती है, अब क्यों रुके—
नौका मेरी, द्विगुणित गति से चल पड़ी।
किंतु किसी के मुख की छवि-किरणें घनी,
रजत रज्जु सी लिपटी नौका से वहीं,
बीच नदी में नाव किनारे लग गई।
उस मोहन मुख का दर्शन होने लगा॥

•

मिलन

इस हमारे और प्रिय के मिलन से
स्वर्ग आ कर मेदिनी से मिल रहा;
कोकिलों का स्वर विपञ्ची नाद भी
चन्द्रिका, मलयज पवन, मकरन्द औ'
मधुप माधविकाकुसुम से कुञ्ज में
मिल रहे, सब साज मिलकर बज रहे
आज इस हृदयाब्धि में, बस क्या कहूँ।
तुंगतरल तरंग ऐसी उठ रही—
शीतकर शत शत उदय होने लगे।
तारिकायें नील नभ में आज ये,
फूल की झालर बनी हैं शोभती।
गन्ध सौरभ वायुमण्डल की तहें,
अन्तरिक्ष विशाल में हैं मिल रही।
चन्द्र-कर पीयूष वर्षा कर रहा।
दृष्टि-पथ में सृष्टि है आलोकमय;
विश्व वैभव से भरा यह धन्य है।
हृदय-वीणा कर रही प्रस्तार अब,
तीव्र पञ्चम तान की उल्लास से।
बेसुरा पिक पा नहीं सकता कभी;
इस रसीली मूर्च्छना की मत्तता।

●

आशालता

तुम्हारी करुणा ने प्राणेश!
बनाकर नव मनमोहन वेश॥
दीनता को अपनाया,
उसी से स्नेह बढ़ाया;
लता अज्ञात बढ़ चली साथ।
मिला था करुणा का शुभ हाथ॥
नित्य की सन्ध्या और प्रभात।
स्वर्णमय जब होता रवि गात॥
व्योम ने रङ्ग खिलाया,
विश्व ने व्यर्थ नहाया,
स्वर्ण घट में जल भर कर कान्त।
दीनता लाती थी अश्रान्त॥
दया का स्पर्श मात्र अभिराम।
बनाता उसे, सुरभि का धाम॥
उसी जल से नहलाया,
मधुप गण को बुलवाया,
निछावर करते थे जो प्राण।
बिना फूलों के पाये घ्राण॥
बहुत दिन तक सिञ्चन का कार्य।
हुआ करता अविरल अनिवार्य॥
युगल ही अंकुर आया,
लता ने और न पाया,

गई करुणा भी इक दिन ऊब।
कहा अनखाकर उसने खूब॥
"तुम्हारी आशालता सिंचाव।
बहुत ले चुकी, न देती दाँव॥
सींचकर क्या फल पाया,
फूल भी हाथ न आया"
नील नीरद माला की दृष्टि।
दीनता की, करती थी वृष्टि॥

●

सुधासिंचन

बहुत दिन से था हृदय निराश;
और अब तो है समय नहीं।
व्यथा मैं सब कह दूँगा आज—
सुनो प्रियतम! रुक जाव यहीं॥
मचलता है यह मन, जो प्राण!
सम्हालूँगा मैं इसे नहीं।
कहे देता हूँ दूँगा छोड़—
भाग्य पर, इसको जाय कहीं॥
तुम्हारा शीतल सुख—परिरम्भ,
मिलेगा और न मुझे कहीं।
विश्व भर का भी हो व्यवधान,
आज वह बाल बराबर नहीं॥
स्फूर्ति से बदले सारी क्लान्ति
शान्ति में भ्रान्ति न रहे कहीं।
हृदय-क्षत मलयज से खिल जाय
सुमन भी समता पावे नहीं॥
रागिनी गावे तुङ्ग तरङ्ग
लहर सी, हृदय पयोधि यही।
घटा से निकले बस नवचन्द्र;
सुधा से सींची जाय मही॥

•

तुम!

जीवन जगत के, विकास विश्व वेद के हो,
परम प्रकाश हो, स्वयं ही पूर्ण काम हो!
विधि के विरोध हो, निषेध की व्यवस्था तुम
खेद भय रहित, अभेद, अभिराम हो।
कारण तुम्हीं थे, अब कर्म हो रहे हो तुम्हीं,
धर्म कृषि मर्म के नवीन घनश्याम हो,
रमणीय आप महामोदमय धाम तो भी,
रोम-रोम रम रहे कैसे तुम राम हो?

बुद्धि के, विवेक के, या ज्ञान, अनुमान के भी
आये जो पतङ्ग तुम्हें देखने जले गये;
बलिहारी माधुरी अनन्त कमनीयता की,
रूपवाले लोटने को पैरों के तले गये।
शंका लगी होने किसी को तो कोई सपने सा
जपने लगा है आप भूल में चले गये;
छलने के लिए तो स्वाँग बहुरूपिए के
तुमने अनेक लिए तुमही छले गये।
सुमन समूहों में सुहास करता है कौन,
मुकुलों में कौन मकरन्द सा अनूप है,
मृदु मलयानिल सी माधुरी उषा में कौन,
स्पर्श करता है, हिमकाल में ज्यों धूप है।

मान है तुम्हारा, अभिमान है हमारा; यह
'नहीं-नहीं' करना भी 'हाँ' का प्रतिरूप है;
घूँघट की ओट में छिपा है भला कैसे कभी,
फूटकर निखर बिखरता जो रूप है।

हो कर अतृप्त तुम्हें देखने को नित्य नया
रूप दिये देता हूँ पुराना छोड़ने के लिए;
तुम्हें भी न होता परितोष कभी मेरे जान,
बनते ही जाते हो रहस्य जोड़ने के लिए।
कंज कामना की आँखें आलस से बन्द सोईं
चन्द उपहारों से भी मुँह मोड़ने के लिए,
बन्धन में बँधता प्रतिज्ञा की प्रतीति किये,
तुम हँस देते, बस, उसे तोड़ने के लिए।

दीन दुखियों को देख आतुर अधीर अति
करुणा के साथ उनके भी कभी रोते चलो;
थके श्रमी जीवों के पसीने भरे सीने लग
जीने को सफल करने के लिए सोते चलो।
भूले, भोले बालकों के इस विश्व खेल में भी
लीला ही से हार और श्रम सब खोते चलो;
सुखी कर विश्व, भरे स्मित सुषमा से मुख
सेवा सबकी हो, तो प्रसन्न तुम होते चलो।

●

हृदय का सौंदर्य

नदी की विस्तृत वेला शान्त,
अरुण मंडल का स्वर्ण विलास;
निशा का नीरव चन्द्र-विनोद,
कुसुम का हँसते हुए विकास।

एक से एक मनोहर दृश्य,
प्रकृति की क्रीड़ा के सब छंद;
सृष्टि में सब कुछ है अभिराम,
सभी में है उन्नति या ह्रास।

बना लो अपना हृदय प्रशान्त,
तनिक तब देखो वह सौंदर्य;
चन्द्रिका से उज्जवल आलोक,
मल्लिका सा मोहन मृदुहास।

अरुण हो सकल विश्व अनुराग
करुण हो निर्दय मानव चित्त;
उठे मधु लहरी मानस में,
कूल पर मलयज का हो वास।

●

प्रार्थना

देख लो अपनी आँखों से,
दृश्य रमणीय रूप का आज।
प्राणधन! सच तुमको है शपथ,
तुम्हारा यह अभिनव है साज॥
उषा सौंदर्यमयी मधु कान्ति
अरुण यौवन का उदय विशेष।
सहज सुषमा मदिरा से मत्त,
अहा! कैसा नैसर्गिक वेश!
देखकर जिसे एक ही बार,
हो गए हम भी हैं अनुरक्त।
देख लो तुम भी यदि निज रूप,
तुम्हीं हो जाओगे आसक्त!
दृष्टि फिर गई तुम्हारी, किया—
सृष्टि ने मधु धारा में स्नान।
बह चली मंदाकिनी मरन्द—
भरी, करती कोमल कल गान॥
प्रार्थना अन्तर की मेरी—
यही जन्मान्तर की हो उक्ति।
"जन्म हो, निरखूँ तब सौंदर्य
मिले इंगित से जीवनमुक्ति।"

●

होली की रात

बरसते हो तारों के फूल
छिपे तुम नील पटी में कौन?
उड़ रही है सौरभ की धूल
कोकिला कैसे रहती मौन।

चाँदनी घुली हुई है आज
बिछलते हैं तितली के पंख।
सम्हलकर, मिलकर बजते साज
मधुर उठती हैं तान असंख।

तरल हीरक लहराता शान्त
सरल आशा सा पूरित ताल।
सिताबी छिड़क रहा विधु कान्त
बिछा है सेज कमलिनी जाल।

पिये, गाते मनमाने गीत
टोलियाँ मधुपों की अविराम।
चली आतीं, कर रहीं अभीत
कुमुद पर बरजोरी विश्राम।

उड़ा दो मत गुलाल सी हाय
अरे अभिलाषाओं की धूल।

और ही रंग नहीं लग लाय
मधुर मंजरियाँ जावें झूल॥

विश्व में ऐसा शीतल खेल
हृदय में जलन रहे, क्या बात!
स्नेह से जलती ज्वाला झेल
बना ली हाँ, होली की रात॥

•

झील में

झील में झाईं पड़ती थी,
श्याम-बनशाली तट की कान्त।
चन्द्रमा नभ में हँसता था,
बज रही थी वीणा अश्रान्त॥
तृप्ति में आशा बढ़ती थी,
चन्द्रिका में मिलता था ध्वान्त।
गगन में सुमन खिल रहे थे,
मुग्ध हो प्रकृति स्तब्ध थी शान्त॥

निभृत था, पर हम दोनों में
वृत्तियाँ रह न सकीं फिर दान्त।
कहा जब व्याकुल हो उनसे—
"मिलेगा कब ऐसा एकान्त?"
हाथ में हाथ लिया मैंने,
हुए वे सहसा शिथिल नितान्त।
मलय ताड़ित किसलय कोमल
हिल उठी उँगली, देखा; भ्रान्त॥
झील, झाईं, नभ, शशि, तारा,
विटप इंगित करते अश्रान्त।
तारिका तरल झलकती थी,
अष्टमी के शारदशशि प्रान्त॥

●

मिल गया था पथ में वह रत्न।
किन्तु मैंने फिर किया न यत्न॥
पहल न उसमें था बना,
चढ़ा न रहा खराद।
स्वाभाविकता में छिपा,
न था कलंक विषाद॥
चमक थी, न थी तड़प की झोंक।
रहा केवल मधु स्निग्धालोक॥
मूल्य था मुझे नहीं मालूम।
किन्तु मन लेता उसको चूम॥
उसे दिखाने के लिए,
उठता हृदय कचोट।
और रुके रहते सभय,
करे न कोई खोट॥
बिना समझे ही रख दे मूल्य।
न था जिस मणि के कोई तुल्य॥
जान कर के भी उसे अमोल।
बढ़ा कौतूहल का फिर तोल॥
मन आग्रह करने लगा,
लगा पूछने
चला आँकने के लिए,
वह लोभी बे
पहन कर किया नहीं व्यवहार।
बनाया नहीं गले का हार॥

●

कुछ नहीं

हँसी आती है मुझको तभी,
जब कि यह कहता कोई कहीं—
अरे सच, वह तो है कंगाल,
अमुक धन उसके पास नहीं।

सकल निधियों का वह आधार,
प्रमाता अखिल विश्व का सत्य,
लिये सब उसके बैठा पास,
उसे आवश्यकता ही नहीं।

और तुम लेकर फेंकी वस्तु,
गर्व करते हो मन में तुच्छ,
कभी जब ले लेगा वह उसे,
तुम्हारा तब सब होगा नहीं।

तुम्हीं तब हो जाओगे दीन,
और जिसका सब संचित किए,
साथ बैठा है सब का नाथ,
उसे फिर कमी कहाँ की रही?

शान्त रत्नाकर का नाविक,
गुप्त निधियों का रक्षक यक्ष,
कर रहा वह देखो मृदु हास,
और तुम कहते हो कुछ नहीं।

•

आदेश

कौन कहता है कानों, में
किसी का कहना तू मत मान।
अन्ध विश्वास दिलाते वे
इसी में बनते हैं विद्वान॥
शुद्ध मानस की लहरी लोल,
पंक्तियाँ पावन लिखीं विचित्र।
छोड़ मसता पढ़ ले इसको,
यही है शुभ आदेश महान॥
तोड़ कर बाधा बन्धन भेद,
भूल जा अहि-मित का यह स्वार्थ।
सुधा भर ले जीवन-घट में,
द्वन्द्व का विष मत कर तू पान॥
प्रार्थना और तपस्या क्यों?
पुजारी किसकी है यह भक्ति।
डरा है तू निज पापों से,
इसी से करता निज अपमान॥
दुखी पर करुणा क्षण भर हो,
प्रार्थना पहरों के बदले।
मुझे विश्वास है कि वह सत्य,
करेगा आकर तब सम्मान॥

●

देवबाला

दूर कृत्रिमते! यहाँ मत आ री,
यहाँ एकत्रित सरलता सारी।
न छूना इसको नव कुहक शीला,
चंचले! यह तो विमल विधु लीला॥
सात रंगों का इन्द्रधनु क्या है,
छिपेगा क्षण में, कभी ठहरा है।
नई कोंपल पर किरण माला-सी,
खेलती है यह देवबाला सी॥
सुवासित जल भी बिगड़ जाता है,
सुमन सौरभ क्या न उड़ जाता है।
शिशिर बूँदों में चमक रहती है,
ताप रविकर का न सह सकती है॥
सुरसरी की यह विमल धारा है,
स्नेह नभ की यह नवल तारा है।
शील निधि का यह सुढर मोती है,
मधुरिमा इतनी कहाँ होती है?

•

कसौटी

तिरस्कार कालिमा कलित है,
अविश्वास सी पिच्छल है।
कौन कसौटी पर ठहरेगा?
किसमें प्रचुर मनोबल है?
तपा चुके हो विरह वह्नि में,
काम जँचाने का न इसे।
शुद्ध सुवर्ण हृदय है प्रियतम!
तुमको शंका केवल है॥
बिका हुआ है जीवन धन यह
कब का तेरे हाथों में।
बिना मूल्य का है, अमूल्य यह
ले लो इसे, नहीं छल है॥
कृपा कटाक्ष अलम् है केवल,
कोरदार या कोमल हो।
कट जावे तो सुख पावेगा,
बार बार यह विह्वल है॥
सौदा कर लो बात मान लो,
फिर पीछे पछता लेना।
खरी वस्तु है, कहीं न इसमें
बाल बराबर भी बल है॥

•

अतिथि

हृदय गुफा थी शून्य,
रहा घर सूना।
इसे बसाऊँ शीघ्र,
बढ़ा मन दूना॥
अतिथि आ गया एक,
नहीं पहचाना।
हुए नहीं पद शब्द,
न मैंने जाना॥
हुआ बड़ा आनन्द,
बसा घर मेरा।
मन को मिला विनोद,
कर लिया घेरा॥
उसको कहते "प्रेम"
अरे अब जाना।
लगे कठिन नख रेख,
तभी पहचाना॥
अतिथि रहा वह किन्तु
ना घर बाहर था।
लगा खेलने खेल,
अरे, नाहर था॥

•

सुधा में गरल

सुधा में मिला दिया क्यों गरल।
पिलाया तुमने कैसा तरल॥
माँगा होकर दीन,
कंठ सींचने के लिए;
गर्म झील का मीन,
निर्दय, तुमने कर दिया॥
सुना था तुम हो सुन्दर! सरल।
सुधा में मिला दिया क्यों गरल॥
राग रञ्जित सन्ध्या हो चली।
कुमुदिनी मुकुलित हो कुछ खिली॥
तारागण नभ प्रान्त,
क्षितिज छोर में चन्द्र था।
फैला कोमल ध्वान्त,
दीपक जल कर बुझ गये।
हमें जाने की आज्ञा मिली।
राग रञ्जित सन्ध्या हो चली
विजन बन, आधी रजनी गई।
मधुर मुरली ध्वनि चुप हो गई॥
थी मुझको अज्ञात,
शुक्ल पक्ष की अष्टमी;
बीते कैसे रात,
अस्त हो गई कौमुदी—
राह में ही; वह भी है नई।
विजन बन आधी रजनी गई॥

•

उपेक्षा करना

किसी पर मरना यही तो दुःख है!
'उपेक्षा करना' मुझे भी सुख है;
यही प्रार्थना हमारी।
हमारे उर में न सुख पाओगे;
मिला है किसको कहाँ जाओगे?
चपल यह चाल तुम्हारी।
स्वच्छ आलोकित दीप जलता है,
पंखयुत कीड़ा सतत जलता है,
वही है दशा हमारी।
मोह या बदला! कौन कह सकता,
प्रेम या पीड़ा! कौन सह सकता;
न हो वह दशा तुम्हारी।
जलन छाती की बड़ी सहता हूँ,
मिलो मत मुझसे यही कहा हूँ;
बड़ी हो दया तुम्हारी।
तुम रहो शीतल हमें जलने दो,
तमाशा देखो हाथ मलने दो;
तुम्हें है शपथ हमारी॥

●

वेदने ठहरो!

सुखद थी पीड़ा, हृदय की क्रीड़ा,
प्राण में भरी भयानक भक्ति।
मनोहर मुख था, न मुझको दुख था;
रही विप्रयोग में न विरक्ति।

वेदना मिलती, औषधी घुलती,
मिलन का स्वप्न कराता भान।
नवल निद्रा का, मधुर तन्द्रा का,
व्यथा आरम्भ, वही अवसान।

न मुझसे अड़ना, कहाँ का लड़ना;
प्राण है केवल मेरा अस्त्र।
वेदने ठहरो! कलह तुम न करो;
नहीं तो कर दूँगा निःशस्त्र॥

•

धूल का खेल

धूप थी कड़ी पवन था उष्ण;
धूलि की भी थी कमी नहीं।
भूल कर विश्व, खेल में व्यस्त;
रहे हम उस दिन कभी कहीं॥

विमल उल्लास, न वह कथनीय;
न बाधा उसमें कहीं रही।
न था उद्देश्य, न था परिणाम;
मिलेगा वह आनन्द कहीं॥

शरद की शान्त नदी के खेल
सदृश होता अनुभूत वही।
खेल की नाव जहीं ले जाये;
रुकावट तो थी कहीं नहीं॥

प्रलोभन पुञ्ज समादर सहित;
दिये थे तुमने कौन नहीं।
अंक में लिया, वक्ष था शीत
तुम्हारा, हिम से बढ़ा कहीं॥

उष्ण निश्वास हुआ सहसा;
तुम्हारा पहले रहा नहीं।

तुम्हारी गोद न अच्छी लगी;
उतरने का मचला तब ही॥

धूल का खेल, खेलने लगे;
किन्तु वह क्रीड़ा ही न रही।
बोझ हो गया, सरल आनन्द;
मिलेगा फिर अब हमें कहीं?

•

बिन्दु

रे मन!

न कर तू कभी दूर का प्रेम।
निष्ठुर ही रहना, अच्छा है, यही करेगा क्षेम॥

देख न,

यह पतझड़ बसन्त एकत्रित मिला हुआ संसार।
किसी तरह से उदासीन ही कट जाना उपकार॥

या फिर,

जिसे चाह तू, उसे न कर आँखों से कुछ भी दूर।
मिला रहे मन-मन से, छाती-छाती से भरपूर॥

लेकिन

परदेसी की प्रीति उपजती अनायास ही आय।
नाहर नख से हृदय लड़ाना, और कहूँ क्या हाय॥

●

बिन्दु

आज इस घन की अँधियारी में,
कौन तमाल झूमता है इस सजी सुमन क्यारी में?
हँसकर बिजली सी चमका कर हमको कौन रुलाता,
बरस रहे हैं ये दोनों दृग कैसे हरियाली में?

•

बिन्दु

हृदय में छिप रहे इस डर से
उसको भी तो छिपा लिया था, नहीं प्रेम रस बरसे।
लगे न स्नेह कभी इसको भी बिछल पड़े न सुपथ से।
मुक्त आवरण हो देखे न मनोहर कोई रथ से॥
पर कैसी अपरूप छटा लेकर आये तुम प्यारे।
हृदय हुआ अधिकृत अब तुमसे, तुम जीते हम हारे॥

●

बिन्दु

सुमन, तुम कलीबने रह जाओ,
ये भौंरे केवल रस-लोभी इन्हें न पास बुलाओ।
हवा लगी बस, झटपट अपना हृदय खोल दिखलाते॥
फूल जाते किस आशा पर कहो न क्या फल पाते।
मधुर गन्धमय स्वच्छ कुसुम रस क्यों बरबस हो खोते।
कितनों ही को देखा तुम सा, हँसते हैं फिर रोते॥
सूखी पंखड़ियों को देखों, इन्हें भूलमत जाओ।
मिला बिकसने का प्रसाद यह, सोचो मन में लाओ॥

●

बिन्दु

अमा को करिये सुन्दर राका।

फैले नव प्रकाश जीवनधन!तब मुख चन्द्र-विभा का॥
मेरे अन्तर में छिप कर भी प्रकटे मुख सुषमा का।
प्रबल प्रभंजन मलय—मरुत हो, फहरे प्रेम पताका॥

•

बिन्दु

आया देखो विमल बसन्त।

समय सुहाया कैसा आया सुन्दर—तर श्रीमन्त।
मन-रसाल की मुकुल माल जीवन धन, कैसी आज—
कोमल बनी, अहा! देखो तो अच्छा बना समाज।
मलयानिल पर बैठे आओ धीरे धीरे नाथ।
हँसते आओ सुमन सभी खिल जायें जिसके साथ।
मत झुकना, हम स्वयं खड़े हैं माला लेकर राज!
कोकिल प्राण पंचमी स्वर-लहरी में गाता आज॥

•